MAISIE PARRISH kam durch einen Zufall zur Salzteigkunst. Ein kleiner Früchtekorb, den sie bei Freunden an der Küchenwand entdeckte, inspirierte sie zu einem neuen Hobby. Heute, fünf Jahre später, ist aus der Freizeitbeschäftigung ein kunsthandwerklicher Beruf geworden. Maisie Parrish führt mit Erfolg ein eigenes Unternehmen, und ihre Salzteigkreationen werden in aller Welt gehandelt.

In diesem Buch zeigt Ihnen Maisie Parrish die Tricks und Techniken, die ihre Modelle so beliebt und erfolgreich machen.

HOBBYWERKSTATT

Kreativ mit Salzteig

MAISIE PARRISH

HOBBYWERKSTATT
Kreativ mit Salzteig

Text: Maisie Parrish

Genehmigte Sonderausgabe für Planet Medien AG
Bundesstraße 4, CH-6340 Zug

Deutsch von Susanne Helker

Manufactured in China
ISBN 3-625-20484-3

INHALT

Einleitung

Herzlichen Glückwunsch! Sie haben sich für ein schönes Hobby entschieden. Mit Hilfe einfacher Zutaten und Werkzeuge, von denen die meisten ohnehin feste Bestandteile Ihres Kücheninventars sind, können Sie eigene 'Kunstwerke' gestalten. Sobald Sie sich mit Hilfe dieses Buchs mit dem Gestalten von Salzteig vertraut gemacht haben, wollen Sie sicherlich nicht mehr von Ihrem neuen Hobby lassen.

Das Modellieren mit Salzteig ist ein faszinierendes Hobby, das aus freier Zeit ein echtes Freizeitvergnügen macht. Vergessen Sie jedoch darüber nicht Ihre alltäglichen Pflichten. Denn das Gestalten mit Salzteig kann wirklich süchtig machen!

Dieses Hobby ist jedoch nicht ganz so einfach, wie Sie vielleicht denken. Das Modellieren mit Salzteig erfordert Übung, Geschick und vor allem Ausdauer. Die einzelnen Projekte werden im Buch

ihrem Schwierigkeitsgrad entsprechend aufgeführt. Beginnen Sie mit den einfachen Figuren, wie z.B. Broschen und Kühlschrankmagneten, und arbeiten Sie sich zu den aufwendigen Arbeiten, wie dem Haus mit Strohdach, vor. Das Modellieren der einzelnen Stücke wird in den Anleitungen Schritt für Schritt erklärt. Selbst als Ungeübte können Sie anhand der klaren Arbeitsanweisungen so manches Erfolgserlebnis verbuchen.

In der Hobbywerkstatt finden Sie die Grundausstattung für das Gestalten mit Salzteig. Da es sich bei dem Großteil der weiteren Hilfsmittel um gebräuchliche Küchenutensilien handelt, ist die Küche der ideale Arbeitsplatz.

Die Farben der Hobbywerkstatt sind auf Wasserbasis hergestellt und lassen sich miteinander mischen. Damit können Sie Ihre Farbskala nach Lust und Laune erweitern.

Doch nun geht's los. Beginnen Sie mit den Grundtechniken, auf die Sie immer wieder zurückgreifen können. Schon bald können Sie Freunde und Verwandte mit eigenen Kreationen aus Salzteig überraschen.

MATERIALIEN UND ARBEITSTECHNIKEN

Für das Gestalten mit Salzteig benötigen Sie nichts weiter als Mehl, Wasser, Salz, Öl, verschiedene Küchengeräte sowie die Werkzeuge und Farben der Hobbywerkstatt. Mit dieser Grundausstattung können Sie im Nu kleine Kunstwerke gestalten.

Sicherheitshinweis
Salzteig ist nicht zum Verzehr geeignet!

ARBEITSMATERIAL

Verwenden Sie Materialien aus Holz, Plastik oder rostfreiem Stahl. Der Salzteig greift andere Metalle an und macht sie stumpf.

Das Zauberwort heißt Improvisation. Selbst selten gebrauchte Küchengeräte werden zu wunderbaren Hilfsmitteln. Auf der nächsten Seite finden Sie eine Aufstellung der Grundausstattung. Der Großteil der genannten Utensilien findet sich in jeder Küche.

Hochwertige Arbeitsmaterialien aus dem Fachhandel sind relativ kostspielig und sollten erst nach und nach zu der Grundausstattung hinzugefügt werden. Für den Anfang lässt der Teig sich ebenso gut mit herkömmlichen Küchenutensilien, wie Messern, diversen Deckeln oder Weingläsern, modellieren.

Arbeitsplatten aus Glas eignen sich besonders gut als Arbeitsfläche. Backpapier oder ein mit Backpapier ausgelegtes Backblech erfüllen jedoch denselben Zweck. Da der Teig bei relativ niedrigen Temperaturen gebacken wird, können Sie die Teile auch auf einem zur Arbeitsplatte umfunktionierten Küchenbrett (Hartholz) direkt in den Ofen geben.

Bei niedrigen Backtemperaturen, wie z.B. bei farbigem Teig, lässt sich statt des Backpapiers auch Frischhaltefolie verwenden. Bei höheren Temperaturen schmilzt die Folie jedoch!

1. Nudelholz; verwenden Sie ein kleines Nudelholz aus Holz oder Plastik
2. Scharfes Messer mit glatter Klinge
3. Schere
4. Pizzaschneider
5. Ausstechförmchen
6. Mindestens ein Backblech. Wenn Sie erst einmal auf den Geschmack gekommen sind, benötigen Sie sicherlich mehre Bleche.
7. Backpapier als Arbeitsunterlage und zum Backen
8. Frischhaltefolie
9. Knoblauchpresse
10. Modellierwerkzeuge aus der Hobbywerkstatt. Das gezackte Ende des Spatels ist ideal zum Modellieren von Nähten und Mustern; während das runde Ende sich z.B. für die Ohren verwenden lässt. Einen Mund modellieren Sie mit dem abgerundeten Ende des zweiten Spatels. Das scharfe Ende dient als Schneidewerkzeug.
11. Wasserfarben aus der Hobbywerkstatt; erweitern Sie Ihre Farbskala und mischen Sie die Farben auf einer Palette.
12. Pinsel; verwenden Sie den Holzstiel des Pinsels zum Modellieren des Teigs.
13. Zahnstocher zum Modellieren
14. Ein sauberes feuchtes Tuch und ein trockenes Handtuch für die Hände

ARBEITSTECHNIKEN

In der Hobbywerkstatt stellen wir Ihnen die beliebtesten Arbeitsmethoden vor. Wenn Sie diese Techniken erst einmal beherrschen, werden Sie sehr bald Ihre eigene Arbeitsweise entwickelt haben. Arbeiten Sie in dem Stil, der Ihnen gefällt.

DER TEIG

Im Folgenden stelle ich Ihnen mein Lieblingsrezept vor. Bitte beachten Sie die Mengenangaben! Selbst kleinste Abweichungen wirken sich negativ auf die Teigqualität aus. Die angeführten Mengen sind ausreichend für mehrere Modelle.

Sie benötigen

- 2 Tassen Mehl
- 1 Tasse Salz
- ¾ Tasse lauwarmes Wasser
- ½ TL Öl
- Rührschüssel
- Holzlöffel
- Meßbecher
- Plastiktüte

Teig anrühren

1. Mehl und Salz in der Schüssel mischen.
2. Öl und Wasser dazugeben.
3. Mit einem Holzlöffel gut vermengen. Den Teig gut durchkneten.
4. Teig auf die Arbeitsfläche legen. Mit den Händen gut durchkneten.
5. Den Teig 10 Minuten kneten, bis die Zutaten gut vermengt sind und der Teig geschmeidig ist. Kneten Sie den Teig sorgfältig, denn die Teigqualität bestimmt die späteren Ergebnisse.

KONSISTENZ DES TEIGS PRÜFEN

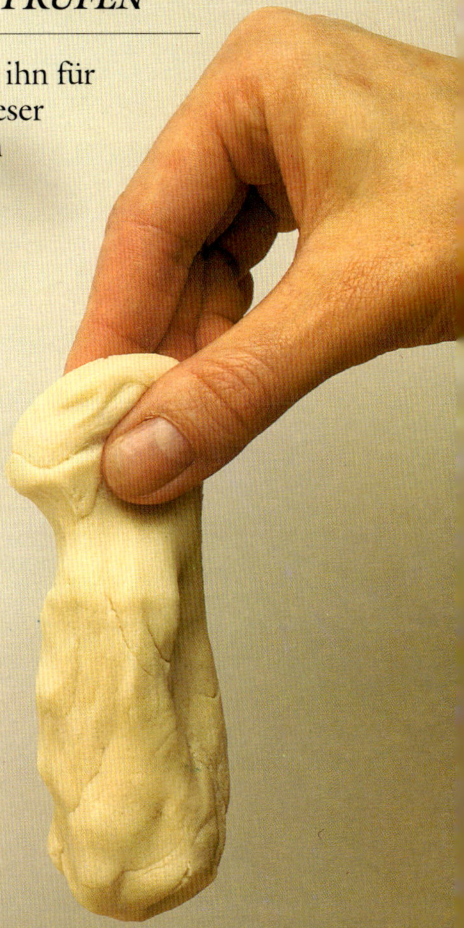

Formen Sie einen Teigstrang und halten Sie ihn für einige Sekunden hoch. Bleibt der Teig in dieser Form, ist er fertig. Dehnt der Teig sich nach unten aus, ist er zu feucht. Geben Sie etwas Mehl dazu.

Die Qualität von Haushaltsmehl ist sehr unterschiedlich. Mengen Sie das Wasser entsprechend der Mehlqualität bei. Schon nach kurzer Zeit werden Sie das Gespür für die richtige Wassermenge entwickelt haben.

In der Regel ist der Teig zu weich. Sollte er jedoch einmal zu trocken sein, geben Sie etwas Öl auf Ihre Handflächen und kneten Sie den Teig nochmals gut durch.

Lassen Sie den fertigen Teig für eine Stunde ruhen. Wickeln Sie ihn dazu in eine Plastiktüte ein, damit er nicht austrocknet. Bewahren Sie Ihren Restteig in derselben Weise auf.

Fertiger Teig sollte spätestens nach zwei Tagen verarbeitet werden; sonst wird er feucht und klebrig. Die besten Ergebnisse erzielen Sie in jedem Fall mit frischem Teig.

TEIG FÄRBEN

Teilen Sie den fertigen Teig auf und färben Sie ihn in verschiedenen Farben ein. Verwenden Sie Lebensmittelfarben auf pflanzlicher Basis. Diese Farben sind in flüssiger Form oder als Paste erhältlich.

Nehmen Sie einen Teil des Teigs und befeuchten Sie die Oberfläche mit Wasser. Tragen Sie die Farbe mit den Fingern auf und kneten Sie sie in den Teig ein. Fügen Sie ggf. mehr Farbe hinzu.

Wiederholen Sie diesen Vorgang mit den einzelnen Farben. Stecken Sie Teig, den Sie nicht verwenden, in eine Plastiktüte.

Stücke aus gefärbtem Teig wirken relativ professionell. Die Abbildung zeigt die einzelnen Arbeitsvorgänge des Färbens.

Pflanzliche Lebensmittelfarben eignen sich besonders gut für Kinder. Farbkleckse sind jedoch an der Tagesordnung. Tragen Sie entsprechende Schutzkleidung. Die Backofentemperatur sollte bei pflanzlicher Lebensmittelfarbe 100 °C nicht überschreiten.

TEIG BEMALEN

Wasserfarben

Die Hobbywerkstatt enthält fünf Wasserfarben, die sich beliebig miteinander mischen lassen. Achten Sie darauf, dass Sie den Teig beim Auftragen der Farbe nicht durchtränken.

Für kräftige Farbtöne geben Sie wenig Wasser hinzu. Tragen Sie zwei Farbschichten auf. Die einzelnen Schichten gut trocknen lassen.

Für Pastelltöne mischen Sie die Farben mit viel Wasser. Besonders effektvoll sind ineinander verlaufende Farbtöne.

Wenn Sie die Farben der Hobbywerkstatt aufgebraucht haben, können Sie jede andere qualitativ hochwertige Wasserfarbe verwenden. Wasserfarben sind für Kinder besonders gut geeignet, denn eventuelle Flecken lassen sich leicht auswaschen.

Acrylfarben

Acrylfarben lassen sich leicht auftragen, decken gut ab und trocknen besonders schnell. Schon nach 15 Minuten können Sie die nächste Farbschicht auftragen.

Beachten Sie, dass sich getrocknete Acrylfarben nicht entfernen lassen. Gelangt die Farbe auf Kleidung oder Küchenmöbel, müssen die Flecken sofort ausgewaschen werden.

Bemalen fertiger Stücke

Details und Gesichter werden von Profis mit einem feinen Pinsel aufgetragen. Verwenden Sie die schwarze Farbe aus der Hobbywerkstatt. Sie können auch Filzstifte verwenden. Probieren Sie verschiedene Farben und unterschiedlich dicke Spitzen aus. Für die Arbeit mit Filzstiften müssen Sie den Teig vorher lackieren. Andernfalls werden die Konturen unscharf, da die Spitze leicht ausfranst.

Farben mischen

Experimentieren Sie beim Bemalen der getrockneten Stücke mit verschiedenen Farbnuancen. Für hellere oder dunklere Farbtöne mischen Sie die Farben mit Weiß bzw. Schwarz.

Rot + Blau = Lila
Rot + Weiß = Pink
Gelb + Blau = Grün
Grün + Rot = Braun
Schwarz + Weiß = Grau

ZUSAMMENFÜGEN DER EINZELTEILE

Fügen Sie Ihre Kunstwerke vor dem Backen zusammen. Befeuchten Sie die Verbindungsstellen mit einem Pinsel und setzen Sie die Teile sorgfältig zusammen. Nehmen Sie ggf. ein Modellierwerkzeug zu Hilfe.

TEIG BACKEN

Wegen der gleichmäßigen Ofentemperatur eignet sich ein Umluftherd besonders gut. Wenn Sie einen anderen Herd verwenden, beachten Sie, dass Oberhitze und Unterhitze voneinander abweichen. Die Temperaturangaben dienen lediglich der Orientierung, da verschiedene Öfen unterschiedliche Backresultate zeigen. Finden Sie die optimale Temperatur für Ihren Ofen heraus.

METHODE 1

Gefärbter Teig

Je nach Umfang der einzelnen Stücke wird der Teig 12 bis 36 Stunden lang getrocknet. Diese Methode ist zwar die sicherste, jedoch gleichzeitig die teuerste. Durch die niedrigen Temperaturen behält der farbige Teig seine Leuchtkraft. Erhitzen Sie Ihren Ofen auf 75° C - 180° C (Umluftherd: 50° C).

METHODE 2

Naturteig

Erhitzen Sie den Ofen auf 75° - 90° C. Die Temperatur alle zwei Stunden leicht erhöhen, bis die Backofentemperatur 125° C beträgt.

METHODE 3

Kleinteile

Kleinteile zwei bis drei Stunden bei 110° - 120° C trocknen. Backen Sie zunächst bei geöffneter Tür. Auf diese Weise erhalten Sie, besonders bei farbigem Teig, gleichmäßige Oberflächen.
Der Teig ist trocken, sobald die Teile sich problemlos vom Backblech entfernen lassen. Kühlen Sie die Teile auf einem Backrost aus.

IST DER TEIG TROCKEN?

Tippen Sie mit den Fingerspitzen auf den Teig. Klingt der Teig dumpf, ist er noch nicht trocken. Klingt der Teig hohl, können Sie ihn aus dem Ofen nehmen.

LACKIEREN

Zum Schutz vor Feuchtigkeit sollten Sie Ihre Salzteigmodelle nach dem Trocknen mit Lack versiegeln. Lackieren Sie die Teile vollständig, sonst nehmen sie die Luftfeuchtigkeit auf.

Lassen Sie sich durch das reichhaltige Angebot an Lacken nicht verwirren. Verwenden Sie Mattlack aus Polyurethan bzw. Klarlack auf Lösungsmittelbasis. Meiden Sie wasserlösliche Lacke, da sie mit dem Salzteig reagieren und die fertigen Stücke beschädigen. Lackieren Sie ausschließlich in gut durchlüfteten Räumen. Reinigen Sie die Pinsel mit einem entsprechenden Lösungsmittel.

Teig lackieren
Lackieren Sie den Teig mit einem sauberen Pinsel. 12 Stunden trocknen lassen. Tragen Sie eine zweite Schicht auf. Wenn Ihre Stücke häufigem Temperaturwechsel ausgesetzt sind, sollten Sie sie mehrmals lackieren.

Sicherheitshinweis
Lacke enthalten Lösungsmittel. Kinder sollten sich beim Lackieren nicht im selben Raum aufhalten!

Salzteig zieht Feuchtigkeit an. Bewahren Sie Ihre Kunstwerke daher in trockenen Räumen auf. Sie sollten weder über Außentüren noch über Fenstern platziert werden. Der ideale Platz sind Innenwände, denn die sind auch bei Kälte warm und trocken.

Sollte eine Ihrer Figuren im Laufe der Zeit weich geworden sein, trocknen Sie sie auf einem Heizkörper erneut aus. Versehen Sie Ihr Werk mit einer neuen Lackierung und das Stück ist wieder so gut wie neu.

KAPITEL
• ZWEI •

BROSCHEN UND MAGNETEN

Broschen, Kühlschrankmagneten und Schlüsselanhänger sind bei Einsteigern besonders beliebt. Auch Kinder sind mit Eifer dabei. Formen Sie verschiedene Figuren und backen Sie sie auf einem Blech. Die fertigen Werke sind wunderbare Geschenke für Freunde und Verwandte.

Diese wenig aufwendigen Arbeiten vermitteln Ihnen ein Gefühl für den Salzteig. Wenden Sie das Erlernte später bei Ihren eigenen Kreationen an.

Für den Anfang reichen die Magneten und Anstecknadeln der Hobbywerkstatt aus. Sie können Ihren Vorrat jederzeit im Fachhandel aufstocken. Kleben Sie den Magneten bzw. die Anstecknadel auf das getrocknete und lackierte Stück. Verwenden Sie dazu farblosen Klebstoff oder Zweikomponentenkleber.

Sie benötigen:

- ◆ **Arbeitsmaterial (siehe S. 6)**
- ◆ **Salzteig**
- ◆ **Magneten**
- ◆ **Anstecknadeln**
- ◆ **Klebstoff**
- ◆ **Zahnstocher**

HUT

Für den Hut

1. Rollen Sie den Teig ca. 0,5 cm dick aus.
2. Stechen Sie mit einem Backförmchen bzw. einem Weinglas einen Kreis (5 cm Durchmesser) aus. Runden Sie die Kanten mit den Fingern ab.
3. Modellieren Sie mit einem Zahnstocher die Naht auf der Hutkrempe.
4. Platzieren Sie eine Teigkugel auf der Kreismitte. Drücken Sie sie vorsichtig flach.

Für das Hutband

1. Rollen Sie den Teig ca. 0,5 cm dick aus.
2. Schneiden Sie mit dem Pizzaschneider oder Messer einen ca. 14 cm langen und 0,5 cm breiten Streifen.
3. Schlingen Sie das Hutband um den Hut. Lassen Sie die Bänder überstehen. Andrücken.
4. Modellieren Sie eine Schleife und befestigen Sie sie an dem Hut.

BLUME

Für die Basis

Rollen Sie den Teig ca. 0,5 cm dick aus. Schneiden Sie einen Kreis (2 cm Durchmesser) aus.

Für die Blätter

1. Drücken Sie zwischen Zeigefinger und Daumen eine Teigkugel in Birnenform zusammen.
2. Formen Sie 5 große und 5 kleinere Blätter. Modellieren Sie die Blattadern mit einem scharfen Messer.
3. Ordnen Sie die Blätter um den Kreis an.

Für die Blüte

1. Formen Sie 5 Blütenblätter. Ordnen Sie sie auf Ihrer Arbeitsfläche kreisförmig an. Verbinden Sie die Blätter miteinander.
2. Lösen Sie die Blütenblätter mit einem Messer. Blüten auf die Blätter setzen.
3. Platzieren Sie eine kleine Teigkugel in der Mitte.
4. Modellieren Sie den Blütenkelch mit einem Zahnstocher.

TEDDYBÄR

Für den Körper

Formen Sie eine Kugel in der gewünschten Größe. Die Anleitung gilt sowohl für kleine als auch für große Teddys.

Für die Beine

1. Legen Sie den Teig auf die Arbeitsplatte und rollen Sie ihn aus.
2. Drücken Sie die abgerundeten Enden vorsichtig in die gewünschte Fußform.
3. Dieser Schritt erfordert etwas Übung. Probieren Sie es so lange, bis Sie den Dreh raus haben. Wenn Sie mit Ihrem Ergebnis zufrieden sind, teilen Sie die Teigrolle in der Mitte, so dass Sie zwei Beine erhalten.
4. Passen Sie die Beine durch diagonales Anschneiden der Oberschenkel der Körperform an.
5. Befestigen Sie die Beine an der Hüfte.

Für den Kopf

1. Formen Sie eine Teigkugel für den Kopf. Modellieren Sie die Schnauze.
2. Modellieren Sie mit dem Pinsel ein Loch in der Schnauze und befestigen Sie darüber eine Teigkugel für die Nase. Augen markieren.
3. Modellieren Sie mit einem Zahnstocher eine Naht von der Stirn bis zur Schnauze.
4. Fixieren Sie den Kopf.

Für die Ohren

1. Drücken Sie mit dem Holzstiel des Pinsels zwei Teigkugeln seitlich an den Kopf. Ohrmuscheln formen.

Für die Arme

1. Formen Sie einen Teigstrang. Runden Sie die Enden für die Pfoten ab. Schneiden Sie den Strang für die Arme in der Mitte durch. Arme ggf. kürzen.
2. Schneiden Sie die Oberarme schräg. Fixieren Sie die Arme an den Schultern.

Für die Schleife

1. Für die Bänder teilen Sie einen schmalen Teigstreifen in der Mitte.
2. Modellieren Sie einen zweiten Strang. Befestigen Sie die Enden in der Mitte.
3. Drücken Sie die Schleife in der Mitte an. Modellieren Sie den Knoten. Fixieren Sie die Schleife am Körper.

GANS

Für den Körper

Formen Sie den Körper aus einer Teigkugel. Modellieren Sie die Schwanzfedern.

Für den Flügel

1. Wiederholen Sie den ersten Arbeitsschritt mit weniger Teig.
2. Befestigen Sie den Flügel am Körper. Modellieren Sie die Federn.

Für Kopf und Hals

1. Formen Sie mit den Fingern einen Teigstrang (0,5 cm dick). Modellieren Sie aus einem abgerundetem Ende vorsichtig den Kopf.
2. Schneiden Sie das andere Ende diagonal. Befestigen Sie es am Körper. Bringen Sie Kopf und Hals in die gewünschte Position.
3. Modellieren Sie mit dem Pinselstiel ein Loch für den Schnabel.
4. Formen Sie mit den Fingern den Schnabel und fixieren Sie ihn. Modellieren Sie Augen und Nasenlöcher mit einem Zahnstocher.

Für den Hut

1. Rollen Sie den Teig 0,5 cm dick aus. Stechen Sie einen Kreis (2 cm Durchmesser) aus. Trennen Sie einen Halbmond ab. Befestigen Sie ihn auf dem Kopf.
2. Schneiden Sie einen Teigstreifen für das Hutband. Fixieren Sie das Band.
3. Befestigen Sie eine Schleife.

Für die Beine

1. Formen Sie einen Teigstrang. Schneiden Sie ein Stück für die Beine ab. Gestalten Sie die Füße. Modellieren Sie die Schwimmhäute mit einem Messer.

BUNTE TELLER

Magneten wirken erst durch Farbvielfalt lebendig. Bemalen Sie die Modelle nach dem Trocknen.

1. Stechen Sie mit einem Weinglas oder einem Backförmchen einen Kreis für den Teller aus.
2. Modellieren Sie eine unregelmäßige Form für das Eiweiß.
3. Fügen Sie das Eigelb hinzu.
4. Modellieren Sie Würstchen, Schinken, Bohnen, Tomaten und Pommes frites mit den Fingern.
5. Formen Sie die Schinkenstreifen. Flachen Sie sie mit den Fingern ab.

SCHWEIN

Für Körper und Beine

1. Für den Körper modellieren Sie eine Teigkugel in der gewünschten Größe.
2. Formen Sie eine Teigrolle. Schneiden Sie die Beine ab. Schneiden Sie die Oberschenkel diagonal an.
3. Fixieren Sie die Beine.
4. Schneiden Sie den Körper in Höhe des Ringelschwanzes mit einem Messer ein.
5. Modellieren und befestigen Sie den Ringelschwanz.

Für den Kopf

1. Modellieren Sie Kopf und Schnauze aus je einer Teigkugel, Schnauze flachdrücken.
2. Fixieren Sie den Kopf so am Körper, dass das Schwein sie direkt anschaut.

Für die Ohren

1. Modellieren Sie die Ohren aus zwei kleinen Teigstücken.
2. Ohren am Kopf fixieren.

KAROTTEN

1. Rollen Sie drei Teigkugeln auf der Arbeitsplatte aus. Formen Sie drei Möhren.
2. Modellieren Sie die Oberfläche mit einem Messer.
3. Für das Blattgrün Teig durch die Knoblauchpresse drücken und an der Möhre fixieren.

TORTE

1. Rollen Sie den Teig 1 cm dick aus. Stechen Sie mit einem Backförmchen bzw. einem Weinglas drei Kreise aus.
2. Rollen Sie den Teig dünn aus. Stechen Sie drei weitere Kreise für die Füllung aus.
3. Legen Sie die Tortenschichten aufeinander.
4. Formen Sie zwei Teigstränge. Drehen Sie die Teigstränge umeinander und modellieren Sie so den Sahnerand.
5. Modellieren Sie die Kirschen.

Für ein Tortenstück

1. Schneiden Sie mit einem scharfen Messer ein großes Stück Torte ab. Kleben Sie einen Magneten unter die restliche Torte.

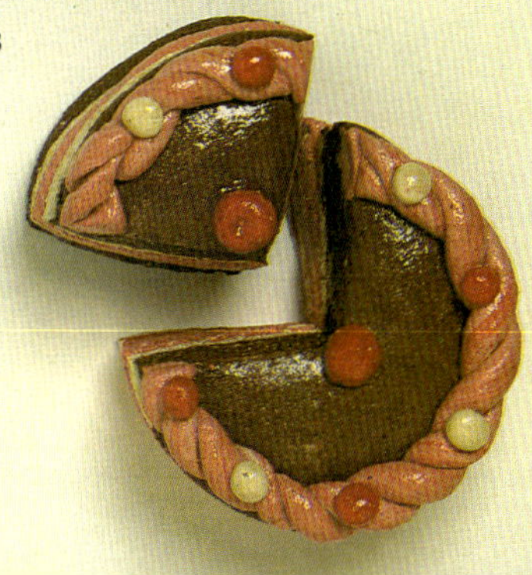

BUCHSTABENBÄR

Der Buchstabenbär ist eine individuelle Geschenkidee für besondere Gelegenheiten, zum Beispiel für Geburts- oder Namenstage.

Modellieren Sie einen einzelnen Buchstaben oder auch einen Namenszug, wie z.B. SUSI. Verwenden Sie Rosa bzw. Pink für Babys und kräftige Farben für ältere Kinder.

Im Anhang finden Sie Schablonen für das gesamte Alphabet.

Sie benötigen

- ◆ Arbeitsmaterial (siehe S. 6)
- ◆ Salzteig
- ◆ Schnur

Für die Buchstaben

Die Anleitung gilt für den Buchstaben ‘b’. Wenn Sie erst einmal das ‘b’ modelliert haben, können Sie auch jeden anderen Buchstaben gestalten.

1. Rollen Sie drei bleistiftdicke Teigstränge (50 cm lang) aus. Diese Länge ist für alle Buchstaben ausreichend.

2. Verbinden Sie die Stränge am oberen Ende miteinander.

3. Drehen Sie die Stränge, bis Sie eine ca. 40 cm lange „Zuckerstange“ bilden. Verbinden Sie die unteren Enden miteinander.

4. Schneiden Sie ein 15 cm langes Stück ab. Modellieren Sie den Balken für das ‘b’.

5. Fixieren Sie ein Ende der übrigen Stange in der Mitte des Balkens. Modellieren Sie den Bogen. Kürzen Sie das Stück ggf. Fixieren Sie die Verbindungsstellen und das ‘b’ ist perfekt.

Für den Aufhänger

1. Drücken Sie eine Teigkugel zwischen Ihren Handflächen flach (2 cm Durchmesser).

2. Schneiden Sie 5 cm Schnur ab. Enden befeuchten und in den Teig drücken.

3. Schieben Sie die Scheibe unter den Buchstaben. Fixieren Sie die Kordelenden zwischen Buchstaben und Teigscheibe.

Für den Körper

1. Formen Sie ein 4 cm langes Ei. Befestigen Sie es im Bogen des Buchstabens.
2. Formen Sie eine Teigrolle für Beine und Füße (10 x 1 cm).
3. Für die Füße drücken Sie die Enden der Rolle leicht nach oben. Schneiden Sie den Teig in der Mitte durch.
4. Schneiden Sie die Oberschenkel diagonal an. Das innere Bein ist etwas kürzer als das äußere. Fixieren Sie die Beine am Körper.
5. Modellieren Sie eine Teigrolle für die Arme (7 x 1 cm). Schneiden Sie sie in der Mitte durch.
6. Schneiden Sie die Arme in der gewünschten Länge schräg ab. Fixieren Sie sie an den Schultern.
7. Bringen Sie den Bären in die gewünschte Position (siehe Abbildung). Experimentieren Sie bei anderen Buchstaben so lange, bis Sie die optimale Stellung für den Bären gefunden haben.

Für den Kopf

1. Formen Sie eine Teigkugel und modellieren Sie den Kopf.
2. Modellieren Sie die Schnauze und setzen Sie sie auf. Befestigen Sie den Kopf an Körper und Buchstaben.
3. Drücken Sie mit dem Pinselstiel ein Loch für die Nasenspitze ein. Fixieren Sie dort eine kleine Teigkugel.
4. Modellieren Sie die Nasenlöcher mit einem Zahnstocher.
5. Markieren Sie mit einem Zahnstocher eine Naht von der Stirn bis zur Schnauze. Modellieren Sie die Augen.
6. Markieren Sie eine Naht unterhalb der Schnauze. Formen Sie mit dem Pinselstiel die Mundöffnung.
7. Formen Sie die Ohren aus zwei Teigkugeln. Fixieren Sie sie vorsichtig am Kopf.

Für die Schleife

1. Rollen Sie den Teig etwa 0,25 cm dick aus.
2. Schneiden Sie mit einem scharfen Messer oder Pizzaschneider das Band (3 x 1,5 cm) aus.
3. Schneiden Sie den kleinen Knoten (5 x 0,75 cm) aus.
4. Legen Sie das Band in der Mitte zusammen. Fixieren Sie die Schleife unter dem Kinn.
5. Modellieren Sie den Knoten. Drücken Sie ihn in der Mitte vorsichtig zusammen.
6. Befestigen Sie den Knoten an der Schleife unter dem Kinn. Mit dem Messerrücken können Sie die gewünschte Form nacharbeiten.

Für die Details

1. Modellieren Sie die Tatzen aus Teigkugeln.
2. Befestigen Sie drei Schnüre (12 cm) an der Vorderpfote.
3. Formen Sie drei Teigkugeln; vorsichtig flachdrücken. Modellieren Sie die Luftballonherzen mit dem geeigneten Werkzeug bzw. einem Messer. Befestigen Sie die Herzen am oberen Ende des Buchstabens, freie Kordelenden darunter verstecken.
4. Alles bemalen und lackieren.

PINGUIN

Der putzige Pinguin ist ein ideales Geschenk und lässt sich durch verschiedene Details beliebig verwandeln. Für eine 'Pinguinfrau' können Sie z.B. einen romantischen Hut hinzufügen. Oder verändern Sie die Stellung der Schwimmflossen. Staffieren Sie Ihren Pinguin doch mit einer bunten Pudelmütze und einem Schal aus. Setzen Sie ihm einen Zylinder auf, und schon haben Sie ein ideales Geschenk für besondere Anlässe.

Ihrer Fantasie sind keine Grenzen gesetzt. Gestalten Sie Ihre eigene Pinguinkolonie!

Sie benötigen

- **Arbeitsmaterial (siehe S. 6)**
- **Salzteig**
- **Zahnstocher**

Für den Körper

1. Formen Sie eine Teigkugel. Legen Sie den Teig auf die Arbeitsfläche, drücken Sie ihn vorsichtig flach und formen Sie den Körper. Schneiden Sie den Teig für den Beinansatz leicht ein.
2. Formen Sie eine 8 cm lange Rolle für die Flossen. Teilen Sie sie in der Mitte. Mit den Fingern flachdrücken.
3. Befestigen Sie die Schnittkante an der Schulter. Modellieren Sie Flossen aus abgerundeten Enden.
4. Schneiden Sie aus dünnem Teig zwei ovale Stücke aus. Fixieren Sie „Brust“ und „Rücken“. Markieren Sie eine Naht mit dem Zahnstocher.

Für den Kopf

1. Formen Sie eine Teigkugel für den Kopf. Prüfen Sie, ob die Proportionen stimmen. Fixieren Sie den Kopf.
2. Drücken Sie das Gesicht vorsichtig flach.
3. Modellieren Sie mit einem Zahnstocher eine Naht von der Stirn bis zur Gesichtsmitte. Drücken Sie eine Vertiefung für den Schnabel ein.
4. Modellieren Sie zwei Ovale für die Augen. Augen fixieren. Fügen Sie zwei Striche hinzu.
5. Formen Sie einen Strang für die Wangen. Drücken Sie ihn in der Mitte vorsichtig ein.
6. Modellieren Sie den Schnabelansatz. Befestigen Sie den Schnabel an der Vertiefung und markieren Sie seitlich Schlitze.
7. Gestalten Sie eine Schleife (siehe Buchstabenbär, S, 20). Wenn Sie einen naturalistischen Pinguin gestalten wollen, verzichten Sie auf die Schleife.
8. Formen Sie zwei ovale Füße. Modellieren und Fixieren.
9. Alles bemalen und lackieren.

TEDDYBÄREN

Teddybären sind allseits beliebte Gefährten. Hier finden Sie vier verschiedene Bärentypen; eine ideale Geschenkidee für jeden Anlass. Modellieren Sie das Grundmodell, kleiden Sie es ein und versehen Sie es mit verschiedenen Accessoires.

Für das Grundmodell befolgen Sie die Anleitung für den Buchstabenbären. Bemalen und Lackieren nicht vergessen!

TEDDY MIT BLUMEN

Legen Sie dem Teddy eine dekorative Schleife (siehe Buchstabenbär, S. 20) um den Hals.

Blumenstängel mit Hilfe einer Knoblauchpresse formen und an der Pfote befestigen. Blüten hinzufügen.

TEDDY MIT BUCH

Schneiden Sie ein Stück Teig (5 x 2 cm) für den Einband und ein weiteres Stück Teig (4,5 x 0,75 cm) für die Seiten aus.

Befeuchten Sie den Teig mit einem Pinsel und legen Sie die Teigstücke aufeinander. Klappen Sie das Buch in der Mitte zusammen. Modellieren Sie den Buchrücken mit einem Messer. Befestigen Sie das Buch anschließend unter Teddys Arm.

TEDDY MIT GESCHENK

Modellieren Sie ein kleines Paket und befestigen Sie darauf kleine Teigstreifen für das Geschenkband. Fügen Sie eine Blume hinzu und fixieren Sie das Päckchen unter Teddys Arm.

SEEBÄR

Für den Kragen

1. Rollen Sie den Teig 0,5 cm dick aus (1 x 5 cm).
2. Schneiden Sie das Viereck diagonal durch. Verbinden Sie die Stücke in V-Form.
3. Befestigen Sie den Kragen. Schneiden Sie einen schmalen Teigstreifen aus. Befestigen Sie das Band auf dem Kragen.
4. Zwei Bänder zur „Schleife“ formen und anbringen.

Für die Mütze

1. Fixieren Sie eine abgeflachte Teigkugel auf dem Kopf.
2. Schneiden Sie einen Streifen aus und legen Sie ihn um die Mütze. Schneiden Sie das Ende v-förmig ein.

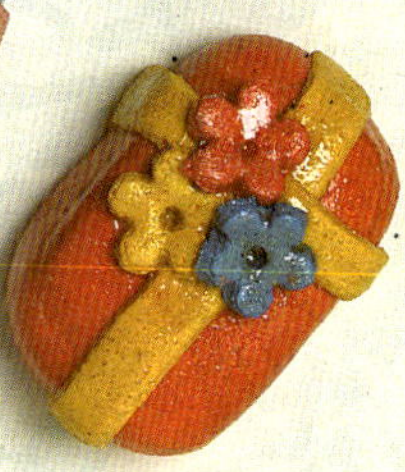

CLOWN

Überraschen Sie Ihre Freunde mit diesem lustigen Gesellen. Das Grundmodell lässt sich leicht gestalten und auch für andere Figuren verwenden. Geben Sie Ihren Clowns durch verschiedene Farben und lustige Details eine ganz persönliche Note. Clowns bringen schließlich Farbe ins Leben!

Sie benötigen

- Arbeitsmaterial (siehe S. 6)
- Salzteig
- Schnur zum Aufhängen

Für den Körper

1. Für den Körper rollen Sie eine Teigkugel birnenförmig aus.
2. Schneiden Sie ein Stück Schnur für den Aufhänger ab. Befestigen Sie den Aufhänger wie bei dem Buchstabenbären auf S. 20.

Für die Hose

1. Rollen Sie den Teig 0,25 cm dick aus. Schneiden Sie die Hose aus. Die Schablone finden Sie im Anhang.
2. Fixieren Sie die Hose.

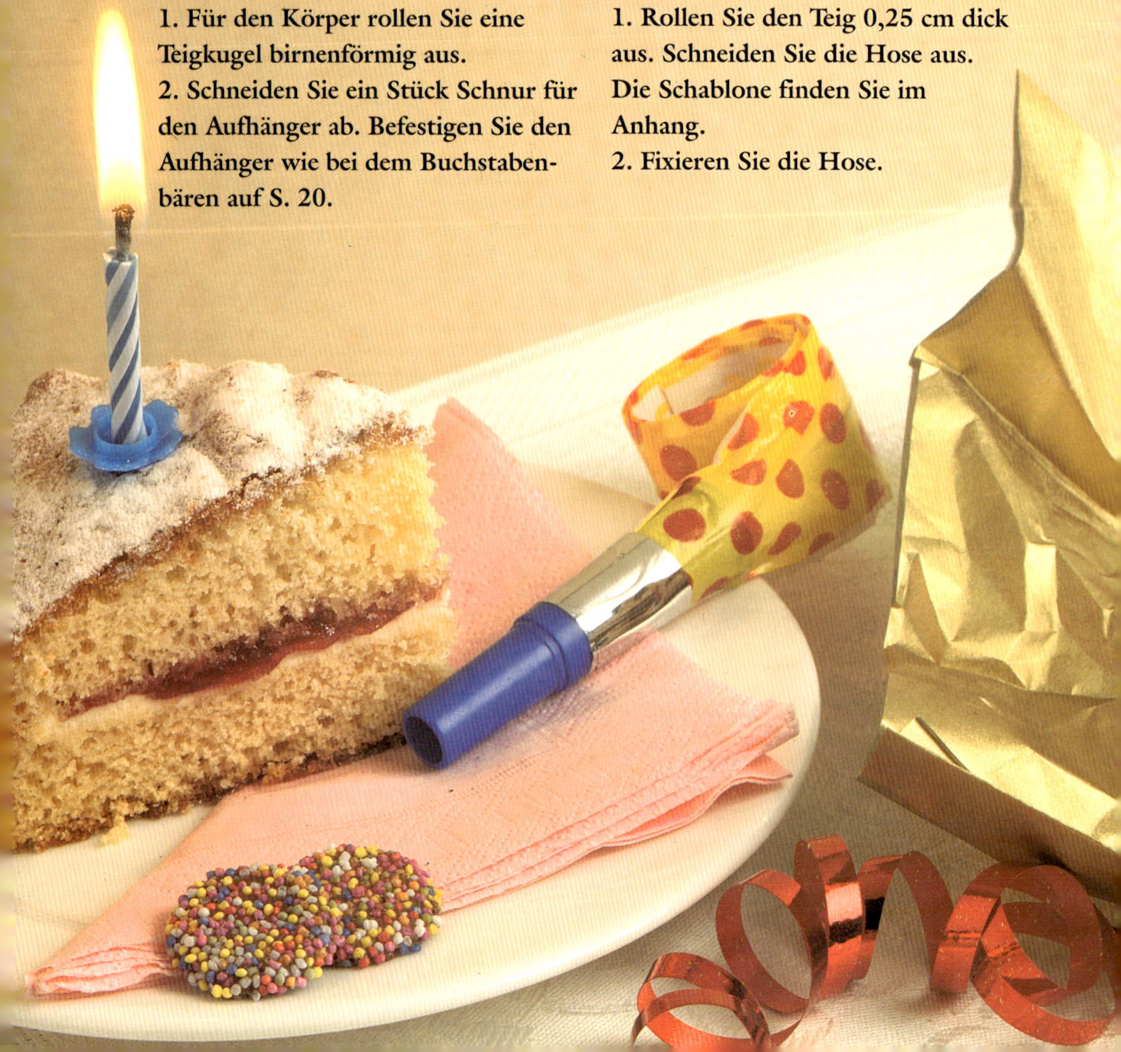

Teigreste abschneiden.
3. Für die Beine schneiden Sie den Teig mit der Messerspitze ein.
4. Modellieren Sie zwei Teigkugeln für die Füße. Befestigen.

Für die Arme

1. Schneiden Sie eine ca. 0,5 cm dicken Teigrolle in der Mitte durch. Schneiden Sie die Oberarme diagonal an. An den Schultern befestigen.
2. Formen Sie zwei Teigkugeln für die Hände.

Für die Hosenträger

1. Schneiden Sie zwei dünne Teigstreifen aus. Die Schablone finden Sie im Anhang. Schneiden Sie das jeweils untere Ende ein.
2. Fixieren Sie die Hosenträger und befestigen Sie jeweils zwei Knöpfe.

Für den Kopf

1. Formen Sie eine Teigkugel für den Kopf. Proportionen prüfen.
2. Modellieren Sie mit dem Pinselstiel ein Loch für die Nase und platzieren Sie dort eine Teigkugel.
3. Ritzen Sie zwei Kreuze für die Augen ein. Geben Sie einen Tropfen schwarze Farbe in die Mitte.
4. Formen Sie zwei erbsengroße Teigkugeln für die Ohren.
5. Modellieren Sie den Mund mit dem Modellierwerkzeug.
6. Für die Haare etwas Teig durch die Knoblauchpresse drücken. Haarkranz über den Ohren fixieren.
7. Modellieren Sie eine große dekorative Schleife.

SCHNEEMANN MIT HUT UND SCHAL

Diesem fröhlichen Schneemann liegt die Anleitung von Seite 20 zu Grunde. Nur der Kopf wird anders geformt. Mit Lust und Laune lassen sich ganze Schneemannfamilien als Winterdekoration gestalten. Auch als stimmungsvoller Weihnachtsschmuck für den Christbaum eignet sich unser Schneemann bestens.

Sie benötigen

◆ Arbeitsmaterial (siehe S. 6)
◆ Salzteig

Für den Kopf

1. Formen Sie eine Teigkugel in der gewünschten Größe.
2. Fixieren Sie den Kopf am Körper.
3. Modellieren Sie mit dem Pinselstiel ein Loch für die Nase. Formen Sie eine kleine Möhre. Befestigen Sie die Möhrennase.
4. Modellieren Sie den Mund mit dem Werkzeug.
5. Befestigen Sie Knöpfe auf dem Bauch.

Für den Hut

1. Rollen Sie den Teig 0,25 cm dick aus. Für die Krempe stechen Sie mit einem Weinglas einen Kreis aus und befestigen ihn auf dem Kopf.
2. Drücken Sie eine Teigkugel auf die Hutkrempe. Modellieren Sie den Hut und fixieren Sie ihn.

Für den Schal

1. Formen Sie zwei 2 cm breite Teigstränge.
2. Schneiden Sie einen Strang in Streifen. Befestigen Sie die Streifen auf dem anderen Strang.
3. Modellieren sie die Fransen.
4. Befestigen Sie den Schal am Hals. Die Fransen hängen sichtbar herunter.

NIKOLAUS

Spätestens zu Weihnachten können Sie diesen Nikolaus gut gebrauchen. Fertigen Sie am besten gleich mehrere Nikoläuse an, damit Sie den einen oder anderen verschenken können.

Bewahren Sie Ihre Weihnachtsdekoration aus Salzteig trocken auf. Das nächste Weihnachtsfest kommt bestimmt!

Sie benötigen

- Arbeitsmaterial (siehe S. 6)
- Salzteig
- Gabel
- Schnur

Für den Nikolaus
1. Für den Körper folgen Sie der Anleitung auf Seite 28 (Clown).
2. Schneiden Sie einen Streifen für den Gürtel aus und befestigen Sie ihn. Bringen Sie die Gürtelschnalle an und modellieren Sie die Details.
3. Modellieren Sie Arme und Beine.
4. Befestigen Sie einen Aufhänger aus Schnur wie abgebildet.
5. Formen Sie den Kopf. Fixieren Sie ihn auf dem Körper.
6. Modellieren Sie ein Loch für die Nase und befestigen Sie dort eine Teigkugel.
7. Formen Sie zwei Ohren aus erbsengroßen Teigkugeln.
8. Gestalten Sie den Mund mit dem Werkzeug.
9. Modellieren Sie die Augen mit einem Zahnstocher.
10. Für die Haare geben Sie etwas Teig durch die Knoblauchpresse. Fixieren Sie Augenbrauen und Schnurrbart.
11. Legen Sie die übrigen Teigstränge auf die Arbeitsfläche. Modellieren Sie daraus den Bart.
12. Lösen Sie den Bart mit einem Messer ab und fixieren Sie ihn.

Für die Mütze
1. Rollen Sie den Teig 0,25 cm dick aus. Schneiden Sie einen Kreis aus.
2. Befestigen sie den Kreis am Kopf. Modellieren Sie die Nikolausmütze. Die Spitze noch nicht fixieren.
3. Für den Pelzbesatz bearbeiten Sie einen Teigstrang mit der Gabel.
4. Befestigen Sie die Spitze der Mütze seitlich mit einer Bommel.

WEIHNACHTLICHE KERZENSTÄNDER

Diese Kerzenständer sind der strahlende Mittelpunkt jeder weihnachtlichen Tafeldekoration und bringen Glanz auf Ihren festlich gedeckten Tisch.

Zusammen mit einer dekorativen Kerze – Rot, Grün, Gold oder Silber – sind die Kerzenhalter eine wunderbare Geschenkidee. Lassen Sie sich von der folgenden Anleitung zu eigenen Kreationen inspirieren.

Sie benötigen

- ◆ Arbeitsmaterial (siehe S. 6)
- ◆ Salzteig
- ◆ Kerze

SCHNEEMANN

Für den Kerzenständer

1. Schneiden Sie die Schablone aus dem Anhang aus.
2. Rollen Sie den Teig ca. 1 cm dick aus. Legen Sie die Schablone auf und schneiden Sie den Stern mit einem Messer aus.
3. Formen Sie eine Teigkugel für die Halterung. Legen Sie die Kugel in die Mitte des Sterns. Modellieren Sie mit einer Kerze eine Vertiefung.

Für die Blätter

1. Modellieren Sie die Blätter; auf den Spitzen des Sterns befestigen. Formen Sie fünf kleinere Blätter und ordnen Sie sie versetzt auf den großen Blättern an.
2. Ritzen Sie Blattadern ein.

Für die Schneemänner

1. Formen Sie je 5 Teigkugeln für Körper und Köpfe.
Drücken Sie die Formen weder auf der Arbeitsfläche noch beim Befestigen zu sehr flach.
2. Befestigen Sie die Köpfe an den Körpern.
3. Modellieren Sie mit dem Pinselstiel jeweils ein Loch für die Nase und fixieren Sie dort fünf Mohrrüben. Modellieren Sie die Augen.
4. Modellieren Sie den Mund mit dem Werkzeug.

Für Schal und Hut

1. Schneiden Sie einen Kreis (2 cm Durchmesser) für die Krempe aus und befestigen Sie ihn auf dem Kopf.
2. Modellieren Sie eine Teigkugel für den Hut; an der Krempe fixieren.
3. Schneiden Sie einen Streifen Teig für den Schal aus. Ordnen Sie darauf weitere Teigstreifen an.

4. Schlingen Sie den Schal um den Hals und modellieren Sie die Fransen.
5. Befeuchten Sie den Stern an den Verbindungsstellen und befestigen Sie die Schneemänner. Bevor Sie den Kerzenständer in den Ofen geben, prüfen Sie, ob eine Kerze in die Halterung passt.

WEIHNACHTSSTERN

Schneiden Sie mit Hilfe der Schablone einen Stern aus. Modellieren Sie die Blumen nach der Anleitung.

Für die Blätter

1. Gestalten Sie sechs große und sechs kleinere Blätter. Ritzen Sie Blattadern auf den größeren Blättern ein.
2. Schneiden Sie einen Kreis (2 cm Durchmesser) als Basis aus.
3. Arrangieren Sie die großen Blätter auf dem Kreis.

Für die Blüte

1. Ordnen Sie die sechs kleineren Blätter kreisförmig auf der Arbeitsplatte an. Verbinden Sie die Blätter in der Mitte miteinander.
2. Lösen Sie die Blätter mit einem Messer vorsichtig ab und legen Sie sie auf die größeren Blätter.
3. Geben Sie eine kleine Teigkugel in die Mitte. Bringen Sie den Weihnachtsstern vorsichtig in Form.
4. Modellieren Sie die Kugel in der Mitte mit einem Zahnstocher.

Fixieren der Weihnachtssterne

1. Formen Sie 5 Teigkugeln (2 cm Durchmesser) und befestigen Sie sie zwischen den Sternzacken. Drücken Sie die Kugeln vorsichtig flach.
2. Weihnachtssterne mit einem Messer vorsichtig ablösen und an den Teigkugeln befestigen.

WEIHNACHTSSCHMUCK

Das Modellieren von Weihnachtsschmuck ist ein Adventsvergnügen für die ganze Familie. Während Ihre Kinder sich mit dem Modellieren einfacher Figuren beschäftigen, können Sie sich den komplexeren Modellen zuwenden. Gestalten Sie die Dekorationen aus Naturteig und malen Sie sie nach dem Trocknen mit den Farben Ihrer Hobbywerkstatt an.

Die Weihnachtsdekorationen sind auch sehr beliebte Weihnachtsgeschenke. Wenn Sie keine Ausstechformen für Weihnachtsplätzchen im Haus haben, verwenden Sie die Vorlagen aus dem Anhang. Fügen Sie nach Lust und Laune Blumen, Schleifen, Beeren oder Blätter hinzu. Trocknen Sie mehrere Stücke gleichzeitig auf einem Blech.

Sie benötigen

- ◆ Arbeitsmaterial (siehe S.6)
- ◆ Salzteig
- ◆ Glitzerstaub
- ◆ Klebstoff
- ◆ Geschenkband

1. Rollen Sie den Teig 0,25 cm dick aus. Stechen Sie die Formen mit Backförmchen aus oder verwenden Sie ein scharfes Messer und die Vorlagen aus dem Anhang.
2. Runden Sie die Schnittstellen mit den Fingern ab.
3. Für größere Stücke verwenden Sie eine dickere Teigschicht (0,5 cm). Rollen Sie den Teig aus und schneiden Sie die gewünschte Form aus.
4. Wenn Sie möchten, können Sie die Ränder mit einer Gabel oder einem Werkzeug verzieren.
5. Stechen Sie mit dem Pinselstiel ein Loch für den Aufhänger aus.
6. Im Backofen härten.

Bemalen der Dekoration

Bemalen Sie Ihren Weihnachtsschmuck mit den Farben aus der Hobbywerkstatt. Gold- oder Silberfarben sind im Fachhandel erhältlich. Für Glitzereffekte geben Sie Klebstoff an die gewünschte Stelle und tragen dann den Glitzerstaub auf. Legen Sie den Teig auf ein Stück Papier, damit Sie den restlichen Staub wieder verwenden können.

Bringen Sie einen passenden Aufhänger an.

Größere Teile sind für den Weihnachtsbaum zu schwer. Sie eignen sich bestens als Tisch-, Wand- oder Fensterschmuck.

HUNDEHÜTTE

Für diesen Spaniel finden Sie immer ein gutes Zuhause. Hundehalter können den Hund Ihrem eigenen Vierbeiner nachgestalten. Oder machen Sie einem Freund eine Freude und schenken Sie ihm seinen Hund aus Salzteig.

Der Hundekopf ist nicht ganz einfach zu modellieren. Doch wenn Sie erst einmal diesen Hund gestaltet haben, ist kein Vierbeiner mehr vor Ihnen sicher. Unsere Hundehütte ist jedenfalls für jeden Hund geeignet.

Sie benötigen

- **Arbeitsmaterial (siehe S. 6)**
- **Salzteig**
- **Schnur**

Für die Hundehütte

1. Rollen Sie den Teig 1 cm dick aus.
2. Schneiden Sie ein Rechteck (8 x 10 cm) aus. Schneiden Sie ein Spitzdach zurecht.
3. Befestigen Sie einen Aufhänger am Dach wie oben abgebildet.
4. Für die Dachziegel schneiden Sie den Teig in 0,5 cm dicke und 2 cm breite Streifen.
5. Befestigen Sie den ersten Ziegel am Dachrand und legen Sie die übrigen Ziegel versetzt übereinander.
6. Formen Sie eine kleine Kugel für den First und befestigen Sie sie an der Spitze.
7. Modellieren Sie das „Holz" mit dem Messerrücken.

Für den Hund

1. Formen Sie die Pfoten und befestigen Sie sie.
2. Modellieren Sie den Kopf (siehe Teddybär, S. 26). Unser Spaniel hat einen schmalen Kopf, drücken Sie den Teig daher vorsichtig zusammen. Drücken Sie die Schnauze leicht nach oben.
3. Befestigen Sie den Kopf an den Pfoten.
4. Modellieren Sie mit dem Pinselstiel ein Loch für die Nase und setzen Sie eine kleine Teigkugel hinein.

Für die Augen

1. Da unser Spaniel einen schmalen Kopf hat, sollten Sie die Augen seitlich am Kopf anbringen.
2. Drücken Sie etwas Teig zwischen den Fingern flach und befestigen Sie ihn seitlich am Kopf.
3. Fügen Sie je eine kleine Pupille hinzu.

Für die Schnauze

1. Modellieren Sie mit dem Pinselstiel ein Loch für die Schnauze und schieben Sie die Öffnung vorsichtig nach unten.
2. Formen Sie die Zunge. Befestigen Sie die Zunge an der Schnauze und modellieren Sie sie mit einem Messer.

Für die Ohren

1. Die Ohren unseres Spaniel sind relativ groß und auffällig geformt.
2. Formen Sie ein birnenförmiges Stück Teig und drücken Sie es zwischen den Fingern vorsichtig flach. Runden Sie ein Ende ab. Lassen Sie das andere Ende spitz zulaufen.
3. Befestigen Sie das abgerundete Ende über den Augen.
4. Formen Sie die Locken mit der Knoblauchpresse.

Für die Details

1. Schneiden Sie von einer Teigrolle 2 cm für den Hundenapf ab. Modellieren Sie das Futter. Befestigen Sie den Napf an der Hütte.
2. Modellieren Sie das Gras mit der Knoblauchpresse.
3. Alles backen, bemalen und lackieren.

KOCH AUF DEM NUDELHOLZ

Dieser französische Maître de Cuisine ist eine wunderbare Küchendekoration und ein ideales Geschenk für jeden Hobbykoch.

Der Teig wird direkt auf das Holz modelliert. Geben Sie den Koch mitsamt dem Nudelholz in den Ofen. Der trockene Teig haftet problemlos auf unlackiertem Holz.

Sie benötigen

- ◆ Arbeitsmaterial (siehe S. 6)
- ◆ Salzteig
- ◆ einen 15 cm langen Stab aus unbehandeltem Holz
- ◆ Schnur

Für den Körper

1. Formen Sie ein Ei für den Körper und befestigen Sie es auf dem Holz. Befeuchten Sie dazu die Verbindungsstellen.
2. Fixieren Sie den Aufhänger (siehe Buchstabenbär, S. 20).
3. Formen Sie die Beine aus zwei Teigrollen; am Körper fixieren.
4. Modellieren Sie die Schuhe aus zwei Teigkugeln. Schuhe an den Beinen und am Holz befestigen.
5. Rollen Sie für die Arme eine ca. 1 cm dicke Teigrolle aus. Teilen Sie die Rolle in der Mitte und schneiden Sie den Armansatz schräg an. Befestigen Sie die Arme an den Schultern.
6. Befestigen Sie zwei Teigkugeln für die Hände (siehe Abb.).
7. Modellieren Sie kleine Löcher für die Jackenknöpfe und fügen Sie dort Teigkugeln ein.

Für den Kopf

1. Formen Sie eine Teigkugel für den Kopf. Prüfen Sie vor dem Fixieren, ob die Proportionen stimmen.
2. Modellieren Sie mit dem Pinselstiel ein Loch für die Nase und setzen Sie dort eine kleine Teigkugel ein.
3. Modellieren Sie zwei Löcher für die Augen. Formen Sie den Mund mit dem Werkzeug.
4. Formen Sie die Ohren aus zwei Teigkugeln und befestigen Sie sie seitlich am Kopf.
5. Modellieren Sie zwei Rechtecke für das Halstuch und bringen Sie es mit den Fingern vorsichtig in Form. Befestigen Sie das Tuch unter dem Kinn. Knoten formen und aufsetzen.
6. Für die Koteletten schneiden Sie aus einem feinen Streifen zwei Rechtecke. Befestigen Sie sie seitlich am Kopf. Modellieren Sie die Koteletten mit dem Messerrücken.

7. Formen Sie den Schnurrbart mit den Fingern und befestigen Sie ihn. Ziehen Sie die Enden leicht nach oben.

Die Kochmütze

Das Modellieren der Kochmütze erfordert etwas Geschick. Üben Sie zunächst an einem Modell. Formen Sie einen 'Übungskopf' und befolgen Sie die Anleitung.

Für die Kochmütze

1. Rollen Sie den Teig ca. 0,75 cm dick aus. Schneiden Sie einen Kreis (10 cm Durchmesser) aus.
2. Befeuchten Sie den Rand und legen Sie den Kreis um den Kopf. Bringen Sie den Teig mit einem Zahnstocher oder Pinsel in die gewünschte Form.
3. Befestigen Sie die Mütze auf dem Kopf. Beginnen Sie an der Stirn.
4. Modellieren Sie die Mütze mit den Fingern. Bearbeiten Sie den Teig, bis Sie eine Ballonform erzielen.
5. Schneiden Sie einen schmalen Teigstreifen für den Mützenrand. Legen Sie ihn straff um den Kopf.
6. Die Mütze sollte knapp über den Augen des Kochs sitzen. Drücken Sie nun den oberen Teil der Mütze mit der Fingerspitze an einer Seite seitlich nach unten. Gerade dieser letzte Schliff erfordert etwas Übung.

Für das Brot

Modellieren Sie das Brot. Die unterschiedlichen Formen entnehmen Sie bitte der Abbildung. Der Fantasie sind keine Grenzen gesetzt. Dekorieren Sie den Koch mit passenden „Zutaten“.

HAUS MIT STROHDACH

Dieses zauberhafte Sommerhaus ist ein toller Wandschmuck und auch an Haus- oder Wohnungstüren macht es Eindruck. Stellen Sie Ihre bislang erworbenen Fähigkeiten auf die Probe und wagen Sie den Hausbau!

Sie benötigen

- Arbeitsmaterial (siehe S. 6)
- Salzteig
- Lineal
- Bindfaden

Für das Haus

1. Rollen Sie den Teig ca. 0,5 cm dick aus. Schneiden Sie ein Rechteck (ca. 7 x 8,5 cm) aus.
2. Schneiden das Dach schräg zu.
3. Befestigen Sie einen Aufhänger (siehe Buchstabenbär, S. 20).

Für die Fenster

1. Formen Sie aus einer Teigkugel einen 0,5 cm breiten und 1,5 cm dicken Würfel.
2. Teilen Sie den Würfel in der Mitte. Befestigen Sie die oberen beiden Fenster unter dem Dach.
3. Schneiden Sie zwei 1,25 cm lange und 0,25 cm dicke Rechtecke aus. Befestigen Sie die beiden Fenster versetzt darunter.
4. Für die Fensterbänke befestigen Sie schmale Teigstreifen unter den Fenstern.
5. Formen Sie einen schmalen Teigstrang. Schneiden Sie je 4 kleine Vierecke für die Fensterscheiben ab. Befestigen Sie die Scheiben.

Für die Tür

1. Schneiden Sie aus 0, 5 cm dickem Teig ein Rechteck (1,5 x 1 cm) aus. Modellieren Sie die Tür mit einem Messer oder dem Modellierwerkzeug.

2. Befestigen Sie die Tür. Modellieren Sie Türangeln und Klinke. Befestigen Sie die Türschwelle und modellieren Sie den Vorbau.

Für das Strohdach

1. Für das Stroh geben Sie etwas Teig in die Knoblauchpresse. Befestigen Sie die unterste Reihe Stroh auf dem Dach. Beginnen Sie oberhalb der Fenster; das Stroh sollte die Scheiben nicht verdecken.

2. Für die nächsten Lagen verwenden Sie jeweils längere Teigstränge. Befestigen Sie die dritte Reihe am Dachfirst.

3. Bedecken Sie auch die Seiten des Dachs mit Stroh.

4. Modellieren Sie einen feinen Teigstrang in der Länge des Dachs.

5. Lösen Sie den Teigstrang vorsichtig von der Arbeitsplatte und befestigen Sie ihn am Dachfirst.

6. Modellieren Sie mit dem Pinselstiel zwei Löcher für die Schornsteine.

7. Formen Sie die Schornsteine aus zwei Teigbällen. Fixieren Sie sie auf dem Dach. Befestigen Sie jeweils zwei kleine Teigkugeln auf den Schornsteinen.

Für die Details

1. Modellieren Sie das Gras mit der Knoblauchpresse und befestigen Sie es am Haus.

2. Blumen ganz nach Geschmack hinzufügen.

OBSTSCHALE MIT BLUMEN

Inzwischen haben Sie schon einige Erfahrungen mit Salzteig gesammelt und dieses dekorative Stilleben dürfte Ihnen leicht von der Hand gehen. Die vielen Details stellen jedoch eine gewisse Herausforderung dar.

Bei diesem Modell ist die Farbgestaltung entscheidend. Stellen Sie Licht und Schatten durch verschiedene Farbnuancen dar. Beachten Sie den Einfallswinkel des Lichts und setzen Sie Akzente. Sollten Sie einmal nicht den richtigen Farbton getroffen haben, können Sie die Farben nach dem vollständigen Trocknen problemlos überarbeiten.

Sie benötigen

- ◆ **Arbeitsmaterial (siehe S. 6)**
- ◆ **Salzteig**
- ◆ **Bindfaden**

Für die Schale

1. Schneiden Sie die Schablone aus dem Anhang aus.
2. Rollen Sie den Teig ca. 1,5 cm dick aus. Schneiden Sie den Umriss mit einem scharfen Messer aus. Legen Sie den Teig auf das Backpapier.
3. Runden Sie die Ränder mit den Fingern ab. Modellieren Sie die Schale mit einer Gabel.
4. Modellieren Sie den Fuß der Schüssel mit einem Messer.
5. Drehen Sie zwei Teigstränge umeinander und schlingen Sie diese „Kordel“ um die Schale.
6. Befestigen Sie den Aufhänger an der Schale wie unten abgebildet. Arbeiten Sie hier besonders sorgfältig, damit das Modell später nicht bricht.

Für die Blätter

1. Rollen Sie den Teig 0,25 cm dick aus. Schneiden Sie sechs Blätter aus.
2. Modellieren Sie einen großen und zwei kleinere Äpfel.
3. Gestalten sie zwei Birnen.
4. Befeuchten Sie die Verbindungsstellen an Schale, Früchten und Blättern vor dem Fixieren.
5. Das Modellieren der Weintrauben entnehmen Sie der Abbildung.

Für die Blumen

1. Formen Sie die Blüten aus fünf kleinen Teigkugeln, die Sie zwischen Daumen und Zeigefinger in Form drücken.
2. Platzieren Sie eine Teigkugel in der Mitte.
3. Für die Rosen rollen Sie einen flachen Teigstrang locker auf . Am Ansatz leicht zusammendrücken.

Farbgestaltung

Experimentieren Sie mit den verschiedensten Schattierungen, aber arbeiten Sie von Dunkel nach Hell. Bemalen Sie zunächst die Schale in der gewünschten Farbe. Lassen Sie die Farbe trocknen. Verwenden Sie einen helleren Ton für den zweiten Anstrich. Legen Sie dann mit einer dunkleren Nuance die Schatten an. Geben Sie auch den Früchten und Blättern einen dunkle Grundfarbe. Wählen Sie für alle folgenden Malgänge jeweils hellere Farbtöne.

Glanzlichter

Glanzlichter erzielen Sie durch helle Farbtupfer auf dunklem Untergrund. Sie erhöhen die Plastizität Ihres Kunstwerks und geben ihm den letzten Schliff.

NOSTALGIE-PUPPE

Das ideale Geschenk für kleine Mädchen und Jungen. Durch Veränderungen der Frisur oder der Kleidung lassen sich verschiedene Akzente setzen. Gestalten Sie eine zweite Figur als Jungen. Schon haben Sie ein hübsches Paar.

Sie benötigen

- Arbeitsmaterial (siehe S. 6)
- Salzteig
- Schnur

Für Körper und Beine

1. Rollen Sie ein ca. 16 cm langes und 1 cm dickes Stück Teig aus.
2. Teilen Sie die Teigrolle in der Mitte. Modellieren Sie die Beine und bestimmen Sie so die Größe des Mädchens.
3. Formen Sie ein proportional passendes Ei für den Körper. Befestigen Sie es an den Beinen.
4. Für den Aufhänger folgen Sie der Anweisung von Seite 20. Befestigen Sie den Aufhänger am Rücken. Beachten Sie die Abbildung auf der folgenden Seite.

Für die Schuhe

1. Für die Sohle drücken Sie zwei Teigkugeln vorsichtig flach; am Fuß befestigen.
2. Aus dem Teigrest Sandalen modellieren.
3. Formen Sie die Riemchen und befestigen Sie sie. Fügen Sie die Schnallen hinzu. So erhält die Puppe einen nostalgischen Touch.

Für den Petticoat

1. Schneiden Sie aus 0,5 cm dickem Teig einen Streifen (16 x 2,5 cm) aus.
2. Legen Sie den Teigstreifen auf der Arbeitsplatte in Wellen und fixieren Sie die Rüschen mit dem Finger.
3. Kürzen Sie den Petticoat mit dem Pizzaschneider oder einem scharfen Messer.
4. Befestigen Sie den Petticoat über den Fersen.

Für den Rock

1. Schneiden Sie aus 0,25 cm dickem Teig einen Streifen (4 x 20 cm) aus. Prüfen Sie die Rocklänge.
2. Modellieren Sie die Rüschen für

den Rocksaum. Befestigen Sie den Rüschensaum.
3. Legen Sie den Rock in drei Falten und befestigen Sie ihn knapp oberhalb des Petticoats.
4. Ordnen Sie die Falten an. Achten Sie darauf, dass die Falten natürlich wirken.
5. Halten Sie den Rock an den Körper und kürzen Sie ihn gegebenfalls. Befestigen Sie den Rock am Körper.
6. Schneiden Sie einen Streifen für Bund und Armmanschetten aus. Modellieren Sie ein Muster mit dem Werkzeug. Besonders einfach und doch effektvoll sind gepunktete Linien, wie abgebildet.

Für den Kragen

1. Stechen Sie zwei Kreise (2,5 cm Durchmesser) aus dem Teig aus und schneiden Sie je ein Drittel ab.
2. Befestigen Sie den Kragen an der Schulter.
3. Modellieren Sie die Stickereien.

Für den Kopf

Im Gegensatz zu den lustigen Figuren sollte das Mädchen hübsch aussehen. Den besten Effekt erzielen Sie durch die richtigen Proportionen. Wenn die Augen nicht den richtigen Abstand zueinander haben bzw. der Mund zu tief angesetzt wird, verliert das Gesicht seine Wirkung. Üben Sie zunächst an einem „Probekopf".

1. Formen Sie den Kopf. Bevor Sie den Kopf fixieren, prüfen Sie, ob die Proportionen stimmen.
2. Modellieren Sie ein Loch für die Nase und befestigen Sie dort eine kleine Teigkugel.
3. Modellieren Sie die Augen mit einem Zahnstocher.
4. Modellieren Sie den Mund mit dem Werkzeug.
5. Geben Sie etwas Teig in die Knoblauchpresse. Sie benötigen jeweils sechs Teigstränge für einen Zopf.
6. Legen Sie die Stränge auf die Arbeitsplatte und flechten Sie die Zöpfe. Befestigen Sie die Zöpfe und fügen Sie Ponyfransen hinzu. Bedenken Sie, dass die Figur später einen Hut trägt.
7. Befestigen Sie die Haarschleifen. Fixieren Sie die Spitzen an den Armen.

Für den Hut

1. Stechen Sie einen Kreis (8 cm Durchmesser) aus.
2. Schneiden Sie ein Drittel ab.
3. Befestigen Sie die gerade Seite am Hinterkopf. Modellieren Sie aus der abgerundeten Seite die Hutkrempe.

NOCH MEHR IDEEN

Diese Abbildung zeigt deutlich, dass dem Gestalten mit Salzteig keine Grenzen gesetzt sind. Mit Hilfe dieses Buches haben Sie die Grundtechniken erlernt. Lassen Sie sich nun zu eigenen Kreationen inspirieren. Viel Spaß!

Falls nicht anders angegeben, sind die Schablonen in Originalgröße dargestellt.

runde Grundformen

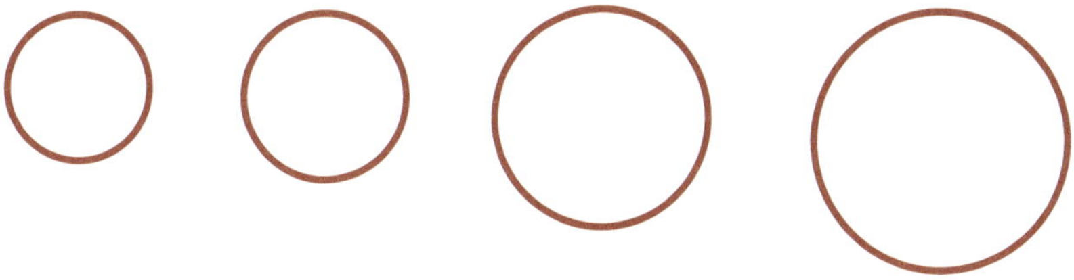

Blätter in verschiedenen Größen

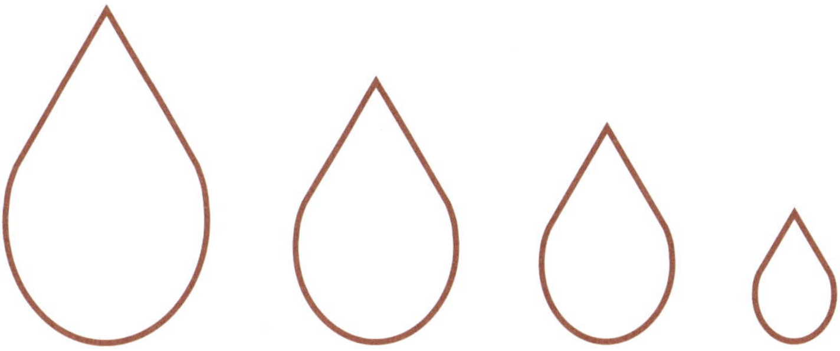

BLATTSCHABLONE
für die Blume (S. 16)

HUT und FLÜGEL
für die Gans (S. 18)

HUT und TELLER
(S. 16 und 18)

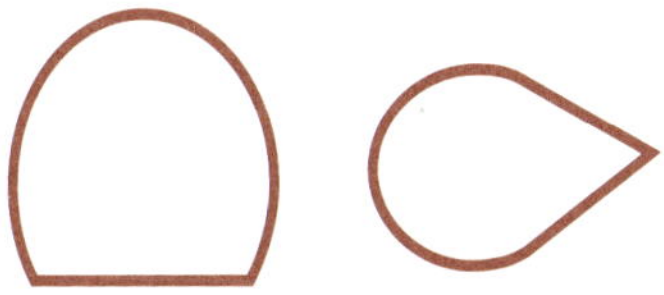

OHREN
für das Schwein (S. 19)

HERZBALLON
für den Buchstabenbären
(S. 20)

BUCHSTABEN
für den Buchstabenbären (S. 20)

Fotokopieren Sie die Buchstaben auf die entsprechende Größe

abcde

fghijkl

mnop

qrstuv

wxyz

ABCD
EFGHI
JKLM
NOPQ
RSTUV
WXYZ

BUCH UND SCHLEIFE
für die Teddybären (S. 20)

SCHLEIFENBAND

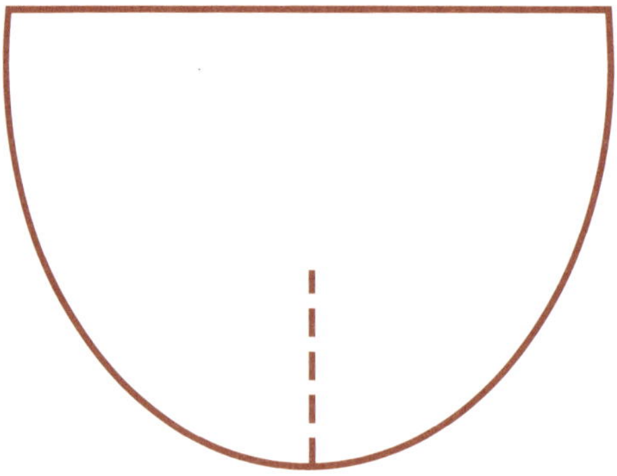

HOSE
für den Clown (S. 28)
für den Nikolaus (S. 32)

HOSENTRÄGER
für den Clown

NIKOLAUSMÜTZE
für den Nikolaus (S. 32)

BLÄTTER und STERN für den Kerzenständer *(S. 34)*

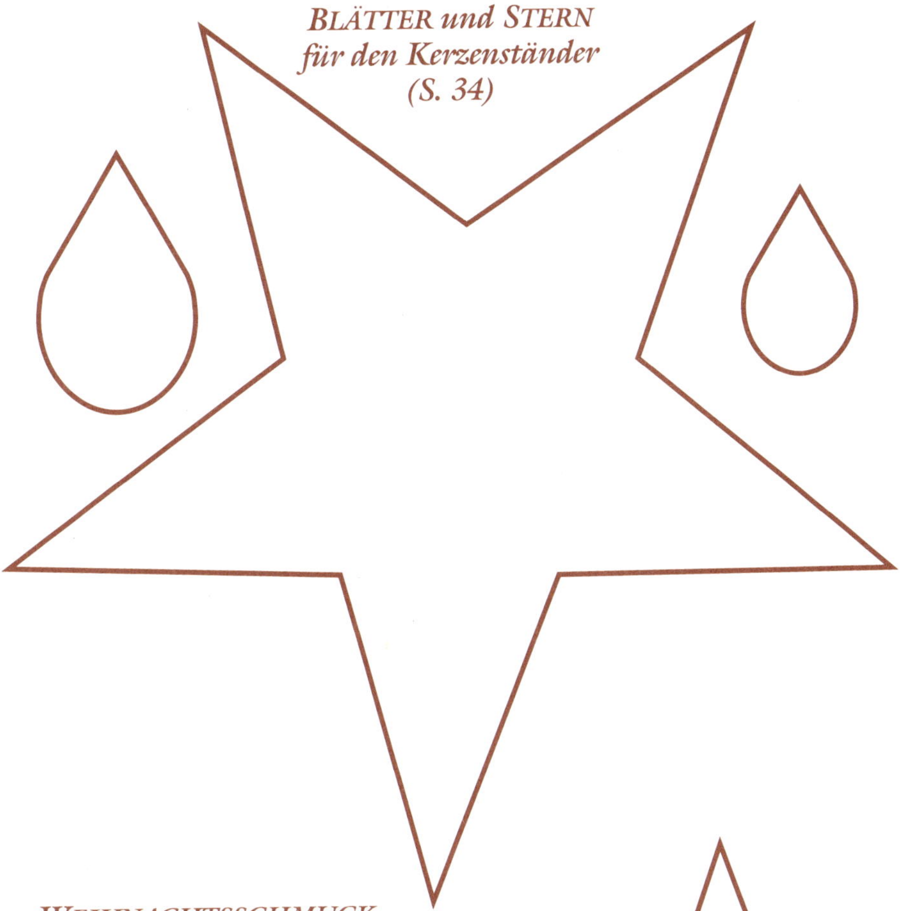

WEIHNACHTSSCHMUCK *(S. 36)*

HUNDEHÜTTE
für den Hund (S. 38)

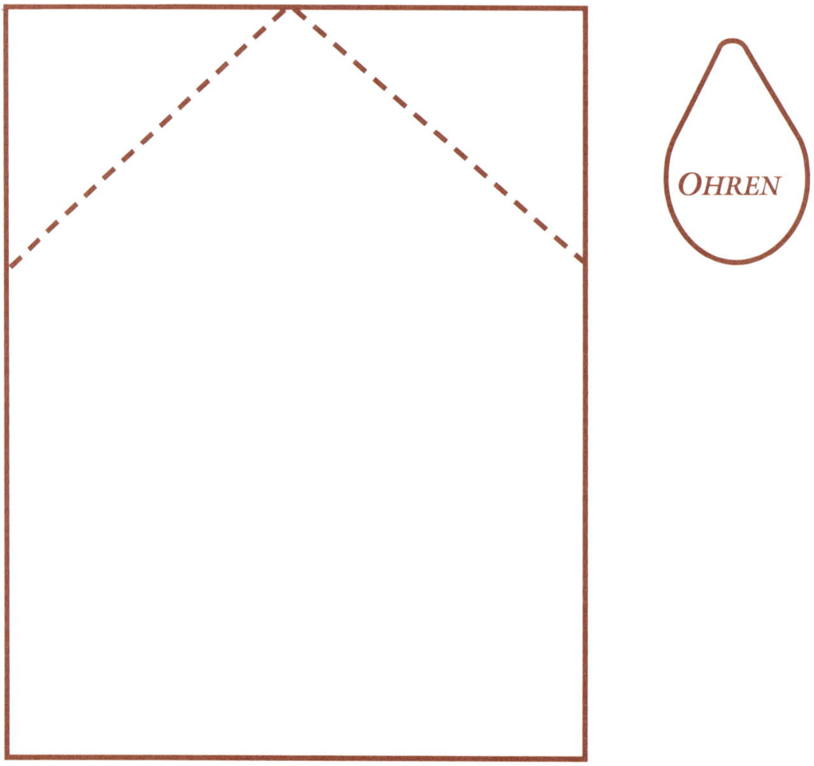

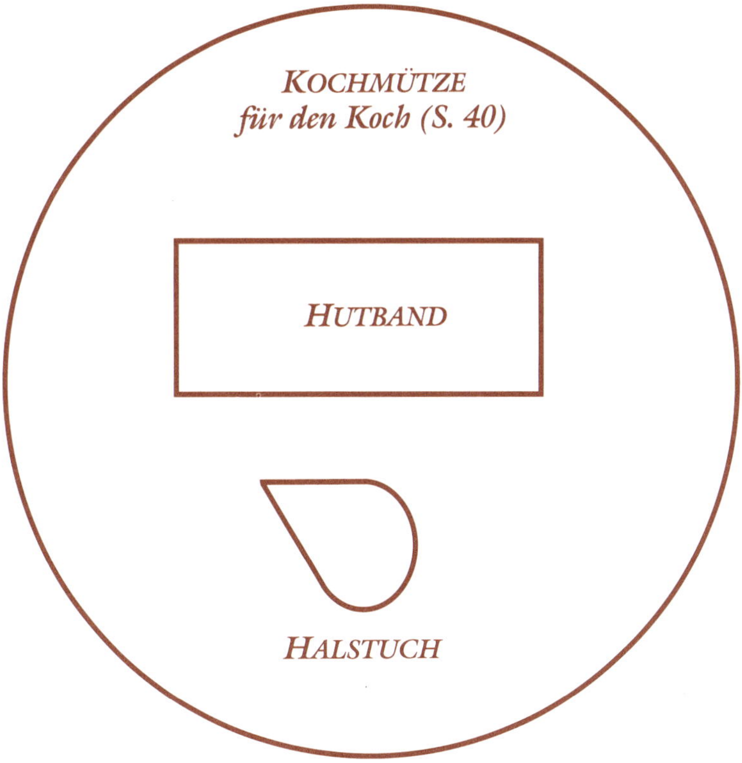
KOCHMÜTZE
für den Koch (S. 40)
HUTBAND
HALSTUCH

HAUS MIT STROHDACH
(S. 42)

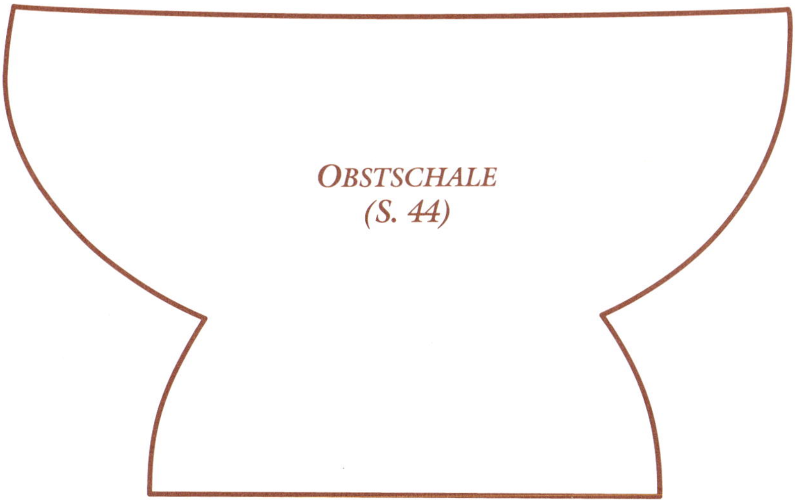
OBSTSCHALE
(S. 44)

NOSTALGIE-PUPPE (S. 46)

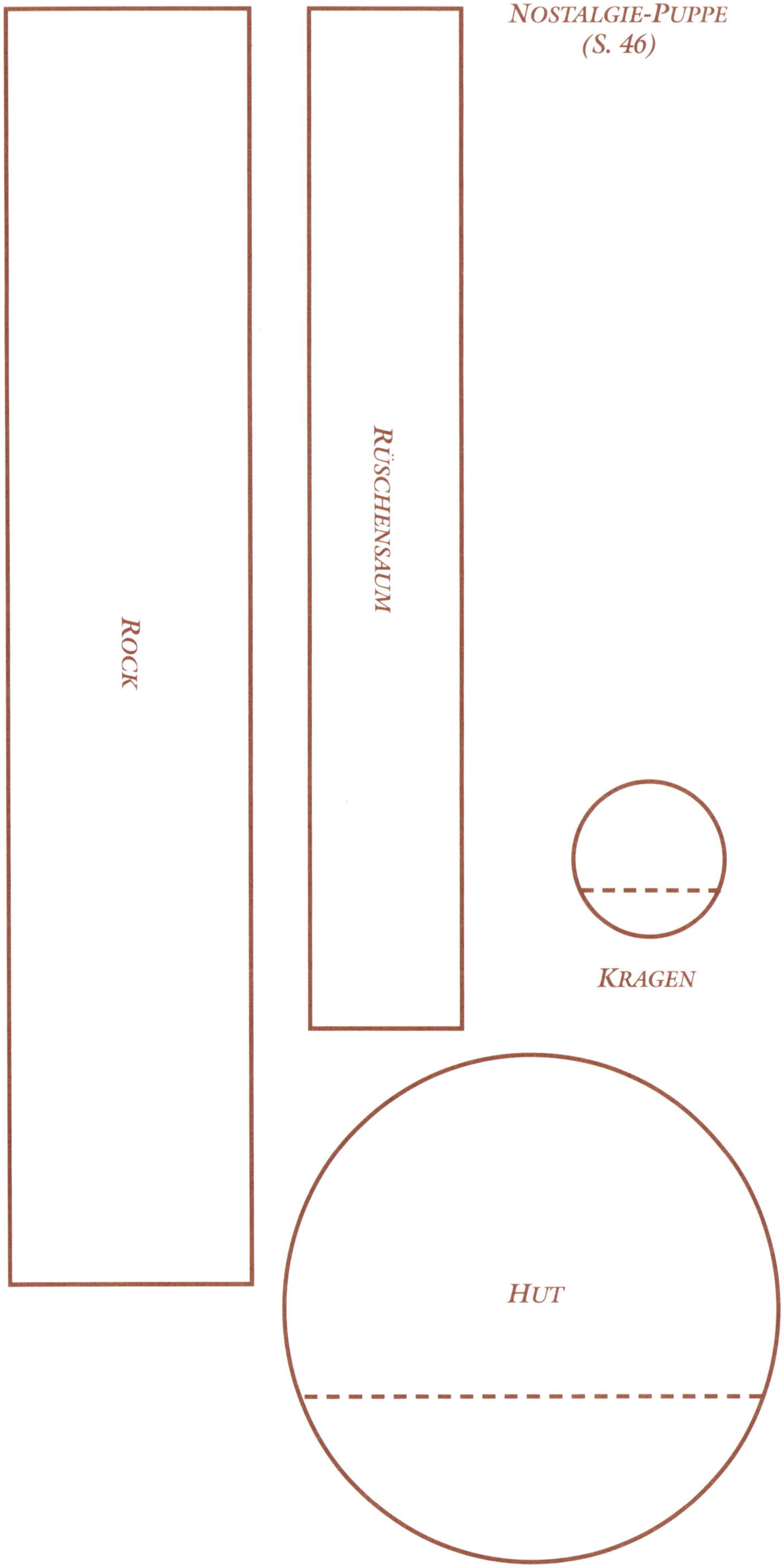